손민수 시집

아버지의 땅

李晃 作 〈추억 속의 자연〉 (李晃, 「추억 속의 자연전」 화집에서 카피)
53.0×33.4cm, Oil on Canvas

국립중앙도서관 출판시도서목록(CIP)

아버지의 땅 : 손민수 시집 / 손민수. -- 서울 : 한누리미디어, 2009
   p. ;   cm

ISBN 978-89-7969-346-1 03810 : ₩12000

한국 현대시 [韓國 現代詩]

811.6-KDC4
895.715-DDC21   CIP2009002022

첫시집《아버지의 기도》출판기념회에서 가족들이 한 자리에

손민수선생 출판기념회

2007년 4월 19일 (목) 쉐라톤 그랜드 워커힐

하객들께 인사말을 하는 손민수 시인

축사를 하는 한국문협 김년균 이사장

축사 및 작품해설을 하는 홍윤기 박사

축사 및 작품해설을 하는 이수화 시인

축시를 낭송하는 김정래 시인과 김문중 시인

답사를 하는 손민수 시인

답례를 하는 손민수 시인 부부

여흥 진행을 하는 코미디언 백남봉

축하 노래를 하는 가수 진송남

손민수선생 출판기념
2007년 4월 19일 (목) 쉐라톤 그랜드 워커힐

하객들과 함께

귀빈들과 함께 축하 샴페인을 터뜨리고

송파시 동인 문학기행(구룡포)

송파시 동인 문학기행(가평 '고요의 아침')

백양문학회 시낭송을 마치고

중앙농협 조합장과 이사들이 한 자리에

무학산악회 점봉산 대청봉 등정기념(1980. 10. 4)

무학산악회 단체여행

무학산악회 해외여행 중

무학산악회 송년의 밤 행사장에서

무학산악회 제30회 정기총회

무학산악회 제28회 개산제를 마치고

분당 배드민턴 클럽 회원들이 한 자리에

배드민턴 회원들과 함께 여행 중 '흑산도 아가씨 노래비' 앞에서

제주도에서

경인고속도로 개통 때 오토바이 타던 시절(남산에서)

라이온스 클럽 연말 봉사상을 수상하는 모습

라이온스 클럽 연말 봉사상 수상자들이 한 자리에

시인의 말

늦은 발걸음 '삶을 시처럼'

　매향이 남녘의 봄을 나르기 시작할 무렵, 그동안 준비해 온 제 나름의 꽃을 선보일 생각이었지만 머뭇거리며 이제 초록 물결 속에 내놓게 되었습니다. 여기 묶은 두 번째 시집《아버지의 땅》은 첫 시집《아버지의 기도》를 상재한 후 어느덧 세 해를 넘겼습니다.

　저는 운이 참 좋은 사람입니다.
　'심는 대로 거둔다' 는 것을 생활신조로 부지런하고 정직하신 아버지 덕택에 고생을 모르고 자랐으며, 늘 이웃에게 베푸는 아버지 덕분으로 길을 오갈 때면 '누구의 아들' 이라는 말을 듣고 자랐습니다.
　또 말 없고 솜씨 좋은 아내를 만나 신경 쓰지 않고 바깥에서 맘껏 사업을 펼칠 수 있었습니다. 아이들도 건강하고 착실하게 자라서 별 다른 걱정없이 지내왔습니다.
　세상에는 훌륭하신 분들이 많지만 저는 아버지처럼 살고자, 또 아버지의 그림자를 함부로 밟지 않겠다고 다짐하며 살아가고 있습니다. 아버지는 검박한 생활을 하면서도 이웃의 배고픔을 그냥 지나치지 않으셨습니다. 분수에 넘는 것을 탐하지 않으셨기에 평온하셨습니다.

　시를 알지 못한 채 살아갈 수도 있었습니다. 그러나 앞에 놓인 운명이었는지 한 친구의 권유로 「송파문화원」에서 늦게나마 시를 공부하게 되었습니다. 그 오래 전 가요의 가사를 썼고 그중 〈설악산의 추억〉은 세간에 알려지기도 했기에 가사를 더 잘 쓰려는 막연한 출발이었습니다. 그러나 습작을 거듭하면서 삶을 곰곰이 들여다보게 되었습니다.
　시는 삶의 노래이므로 나와 나의 가족을 알아가며 나를 둘러싼 모두와 환경을 관계 맺는 축복의 시간이었습니다. 하나씩 들추어내면 아프고 서럽던 기억마저 나를 간추리는 용기와 용서와 힘이 되었습니다. 결국 한 편의 시는 삶이 있는 한 노래로 이어지게 될 것입니다. 누군가가 기대는 어깨가 되고 위안과 격려가 되는 삶이 되도록 스스로를 가다듬을 것입니다.

　이 길을 갈 수 있도록 지켜주신 김현숙 선생님과 그림을 기꺼이 허락하신 이황 선생님과 또 이 시집 《아버지의 땅》을 출간해 주신 한누리미디어 사장님과 가족의 성원에 감사드리며 아내에게 사랑을 바칩니다.

2009. 6.

손민수

차례 | 손민수 시집/ 아버지의 땅

화보 ... 3
시인의 말 ... 18

제1부_ 아버지의 땅

26 ... 아버지
28 ... 아버지 묘소에서
30 ... 아버지의 기도
32 ... 가신 아버님 전 상서
34 ... 아버지
37 ... 어머니
38 ... 이 세상에 와서
40 ... 내 그림자
41 ... 귀 빠진 날
42 ... 자화상
44 ... 쓸쓸한 날
46 ... 해돋이
48 ... 어머니의 기도
50 ... 사랑의 집
52 ... 아내의 겨울
54 ... 슬픔
55 ... 병상을 지키며
56 ... 당신이 웃을 수만 있다면
58 ... 유채 꽃밭에서
60 ... 국화 필 무렵
62 ... 아들아!
64 ... 감나무

제2부_ 잠실동의 봄

포장마차 ... 66
산수유 ... 68
은행나무 거리 ... 70
잠실 ... 72
모란시장에서 ... 74
순리 ... 76
가로등 ... 77
잠실동의 봄 ... 78
봄이 오는 길목 ... 80
말 ... 81
이사하면서 ... 82
산중에서 ... 84
마지막 배웅 ... 85
산길 ... 86
코스모스 ... 88
단풍 ... 90
겨울강 ... 91
소나무 ... 92
밤바다 ... 94
간이역 ... 95
노을 ... 96
마지막 가는 길에 ... 98
행복 ... 100

차례 | 손민수 시집 / 아버지의 땅

제3부_ 당신의 얼굴

102 ... 동행
103 ... 당신의 얼굴
104 ... 나무들의 몸짓
105 ... 파도
106 ... 연꽃 구경
107 ... 어떤 사랑
108 ... 선인장
110 ... 자귀나무
112 ... 낙엽
113 ... 진눈깨비
114 ... 인연
115 ... 그대를 보내며
117 ... 떠난 여인
118 ... 고독
119 ... 4월의 눈
120 ... 가을강
122 ... 지난 여인
125 ... 후회
126 ... 사랑의 꿈
128 ... 떠나는 마음
130 ... 여자중 당신
131 ... 장미원에서
132 ... 그리워

작품해설 · **채수영**/ 아버지의 등대 그리고 시적 표현 ... 168

제4부_ 구름처럼 강물처럼

눈 감은 사람 ... 134
별 ... 136
석가탑 ... 137
밥상 ... 138
연꽃 구경 · 2 ... 140
구름처럼 강물처럼 ... 141
가을산 ... 142
산행 ... 143
덫 ... 144
미루나무 아래서 ... 146
봄이 가까이 ... 147
산행 ... 148
친구 ... 150
가방 ... 152
늦은 용서 ... 154
눈꽃 ... 155
눈이 내린다 ... 156
어머니의 절규 ... 158
다시 상원사에서 ... 161
양평의 서종면 ... 162
설악산아 말해다오 ... 165
떠난 여인 ... 166
이별은 안돼 ... 167

李晃 作 〈추억 속의 자연〉(李晃,「추억 속의 자연전」화집에서 카피)
53.0×40.9cm, Oil on Canvas

제 **1**부

아버지의 땅

아버지

어려운 이 시대에
제일 먼저 아버지를 떠올립니다
개미처럼 벌처럼 부지런하셨고
평생 흙과 함께 살았지만
하늘에 한 점 부끄럼 없던 아버지

누구처럼
이름 동여맨 기부금을 낸 적 없지만
이웃의 가난을 그냥 지나치지 않았습니다
"네 아버지는 딸린 식솔이 너무 많아."
어머니는 가끔 푸념을 하셨지만
그 덕택으로 지금까지도 저를
누구의 아들로 부르고 있답니다

지금 사람들은 더욱
하느님과 부처님을 찾으며 목이 쉽니다

넓고 큰 품에 안겨 눈물을 쏟아냅니다
어린 저는 아버지에게서
하느님도 부처님도 함께 있는 걸 보았습니다
가진 것을 나누고, 몸을 낮추는
아버지의 넓고 깊은 품도 보았습니다
저도 아버지 그림자를 따라 갑니다

아버지는 내 안의 거울
비뚠 걸음 바로 잡으며 걷습니다.

아버지 묘소에서

송파나루, 뚝섬 부근
넓은 텃밭 주인은
마석리 숲속 새들의 마을에
영원한 집을 마련했습니다

농사에 우등이신 아버지 바지에서
늘 풍기던 거름 냄새
무 배추, 오이와 호박, 가지 등
탐스러운 얼굴로 맺혔습니다

머슴들을 부렸지만
그들을 보살피고
그들과 손을 맞추어
머슴보다 더 부지런히 일했습니다

"흙은 거짓말을 하지 않는다

심은 대로 거둔다"
나도 아버지의 일생을
그대로 본받았습니다

이제 큰 길에 당당히 서고 보니
자식을 세우려고
항상 뒤에만 서던 아버지
자꾸 목이 멥니다

가끔 찾아와서
잠시 머물다 돌아서려니
산새들도 나를 따라
목놓아 울고 있습니다

눈물이 앞을 가려
돌아오는 길이 힘들었습니다.

아버지의 기도

아들아 네가 첫걸음 놓을 때
세상 모난 돌에 베이지 않도록
또 다른 사람을 위해
그 돌 치우며 가는 사람 되라
머리 숙여 기도했다

딸아
네가 첫 눈뜰 때
꽃처럼 예쁘고 나무처럼 쑥쑥 자라
고운 심성 바른 몸가짐
사람과 나누며 살아가라
손 모아 기도했다

너희들은
세상의 빛
세상의 소금

제때 제자리에 쓰이도록
새벽이나 한밤중에도
무릎 꿇어 기도했다.

가신 아버님 전 상서

어려서 본 아버지는
흙을 자식처럼 어루만지던 모습입니다
"땀 흘린 만큼 거둔다"며
땅에서 배운 것을 목숨처럼 지켰습니다
남의 것을 탐내지 않았으며
더러 세상이 속일지라도
먼 산 한 번 쳐다보는 걸로
한숨을 삭였습니다
세상엔 무슨 박사도 많고
넘치는 게 명사들이지만
저에겐 아버지가 바로 본보기입니다
동네 사람들에게 존경 받듯
저도 아버지처럼 살고자 눈물을 삼키며
아들로서 아버지 뜻을 지키며 살아갑니다
다만 생전에 못한 효가
뼈에 사무쳐 얼굴에 주름집니다
아버님, 편히 잠드소서.

李晃 作 〈추억 속의 자연〉(李晃, 「추억 속의 자연전」 화집에서 카피)
53.0×40.9cm, Oil on Canvas

아버지

긴 장마가 시작되었는데
비가 올 때면 몸이 쑤신다는 아버지
어디 편찮은 데라도 있을까
두 분 계시는 마석리에 찾아왔습니다

지난 밤 꿈에 부모님을 뵈었습니다
손 한 번 잡지 못하고
단 한 번 불러 보지도 못하고
그냥 스쳐 지나갔습니다

한 번 가신 길을
다시는 돌아보지 못하시는군요 그러나
늘 저의 곁에 서성이는 것을 압니다
따사롭게 가족과 더불어 착실한 시민으로
아버지 그림자를 안고 살아갑니다

아이들은 어디에도 부끄럽지 않게
제 가림을 하고 있습니다
세상을 떳떳하게 살아가도록
몸소 보여준 언행 대물림하고 있습니다.

李晃 作 〈추억 속의 자연〉(李晃,「추억 속의 자연전」 화집에서 카피)
45.5×89.4cm, Oil on Canvas

어머니

처음엔 한 몸이었습니다.
그러나 서로 갈려
다른 몸이 되었습니다.
아까운 것 없이 나누어 주신 어머니
사랑이나 믿음 그리고 무엇이나

끝없이 주고
따뜻한 것만 받아
헐벗은 당신의 추위를 모르는 자식
처음부터 서로 바꾸어
나누어졌으면 어떠하리

어머니, 당신은
나의 첫 음악이며 마지막 음악입니다.
태를 끊어 세상에 내어놓으신
나의 운명의 주인이십니다.

이 세상에 와서

나는
운 좋은 사람이었다
누구보다 부지런한 아버지는
밭 농사로 가세를 일으켰고
이웃과 더불어 나눌 줄 알았기에
나는 '누구의 아들' 이란 소리를 들으며 자랐다

나는
얌전하고 솜씨 좋은 아내를 만나
착하고 바른 길 걷는 아들 딸을 낳고
부모처럼 부지런하여
먹고 쓰는 데 걱정 없이 살았다

또 나는
내가 좋아하는 노래를 부르다가
'설악산의 추억' 이란 가사도 썼고

문학의 꿈도 되살려 시인이 되고
'아버지의 기도' 라는 시집도 상재했다

한평생이 짧다고는 말하나
이만큼 잘 살았으면 됐지
또 무엇을 바랄 것인가
다만 '그 아버지에 그 아들' 로
사람답게 살아가고 싶다

내 그림자

당신을 위하여
존재하는지
날, 위해서
존재하는지

내가 서면
당신은 눕지만
내가 누우면
당신은 사라집니다.

정든 사람
헤어질 때
멀리서 뒤돌아
손 흔들 듯

내가 서 있음으로
당신이 안식이 된다면
기꺼이 서 있겠습니다.

귀 빠진 날

길 가다 모퉁이에서
갓 피어난 철쭉과 눈 마주친다
어제까지도 거기 있었는지도 몰랐다
철쭉이란 이름으로 뿌리를 내렸어도
한동안 주목을 받지 못했다
그렇다면 저 철쭉의 생일은
자기를 가장 잘 알리는
꽃으로 설 때가 아니겠는가
그냥저냥 무심히 지나치던
누구에 의해서 존재를 드러내는 일
진정 나의 귀 빠진 날은 언제였나
해마다 한 번 미역국을 먹으며
미역 그릇 수만큼 나이를 먹었지만
이 세상에 나는 누구로 왔는가
봄이면 어김없이 오는
저 꽃과 같은 한 얼굴이
내게 있는가

자화상

많은 연습도 없이
풍각쟁이로 무대에 오르고
어설픈 노래로 나를 달랬던가
혹 누구를 위로했던가

그냥 열심히 살면 되는 줄 알았다
부지런히 일해
처자를 먹여 살리고
나아가서 이웃과 더불어 사는 일
그때는 그게 전부인 줄 알았다

아버지처럼 땀 흘리고
반듯하게 걸어가고 싶었다
그렇게 달려온 시간들이었는데
나는 언제부터인가 노래를 배웠다
그리고 나는 삶을 노래했다

훌륭한 연주자가 되고 싶었다
길은 갈수록 멀어 보였지만
이제 알 것 같다
진실하게 살아가는 일이
참된 노래로 남는다는 것을

쓸쓸한 날

젊은 날은
사장이라는 명목으로
사람들을 많이 부렸다
돈깨나 있어서 그랬는지
둘레에 사람들이 늘 북적거렸다
어쩌다가는 믿는 도끼에
발등 찍힌 적도 있었다
예순 고개를 넘으면서는
사람 짚어보는 과목은 척박사쯤이려니
그런데 슬몃 가까이 와서
외로움을 다독거리면서
속을 빼갔다
웃은 날이 많았는데
따뜻한 밥 대접하면서
쌓은 정을 땅바닥에 패대기쳤다
가끔 울고 싶은 날은

소나무 한 그루와 눈 마주친다
언제나 거기 그대로 푸르다

해돋이

강릉 경포대에 와서
무자년의 해돋이를 맞이한다
찬 바닷물에 몸을 씻고
새벽 나들이를 한 해의 얼굴은
어제와 분명 다르다
해와 마주한 우리도
낡은 어제를 털어버리고
새 얼굴로 마주한다
더 건강하게
더 베풀며
더 사랑하며
한 해의 놓인 길을 걸어가려 한다
흐려진 속을 바닥까지 쓸어내고
청결하게 채워 물갈이하는 바다
거기 엎드려 얼굴을 씻는 해
앞에 무릎 꿇고 기도 올린다

살아가며 부대끼더라도
이웃의 미소를 모른 체 않으며
눈물까지도 못 본 척 않기를

어머니의 기도

병원으로 가는 길에서도
자꾸 뒤돌아 보았다
집이 눈에 꽉꽉 밟히나 보다
두 딸이 안기나 보다
'밥을 때 놓치지 않고 먹을지'
키도 손발도 아내보다 더 큰
두 딸을 걱정하나 보다
병중에도 가끔 두 손을 모았다
따뜻한 사람 딸에게 보내주기를
오늘도 부처님께 빌 게 뻔하다
아직도 나의 금연을 바라는지
잘 사는 아들 기도까지 하려는지
얼핏 나의 눈치를 살핀다
자신의 걱정은 아예 뒷전이다
수술의 두려움도 잊었나 보다

李晃 作 〈추억 속의 자연〉(李晃, 「추억 속의 자연전」 화집에서 카피)
65.1×45.5cm, Oil on Canvas

사랑의 집

비바람 칠 때
집으로 돌아가는 저녁
갈 데가 있다는 게
새삼 뿌듯하다

이 일 저 일로 지치다가도
대문을 열어주고
나를 기다리는 아내가
또한 고맙기만 하다

이 집 안에서
아버지로서 누리고
또 한 남자로서의 행복을
맘껏 소리치기도 했다

하늘이 내려준 나의 집

먼 훗날
우리 부부 나란히 쉴
하늘의 집도 꿈꾼다

아내의 겨울

당신의 봄은
산골 언덕바지에 피어난
찔레꽃이었다
실바람에 깨끗한 향기 날리는

당신의 여름은
남편과 자식들의 뒷바라지에
두 손 두 발 다 내어준
땀과 눈물의 개울이었다

푸른 하늘 아래 펼쳐진
당신의 가을은
땀방울 알알이 익힌
열매의 뜨락이었다

가진 것 다 털어주고

이제 흰 눈 속에
기도하는 나무
텅 빈 당신의 겨울

세상 모든 것을
이제 다 주고 싶은데
당신이 앓는 희귀병
의사도 다스릴 수 없다 한다

슬픔
(아내와 병원에 가면서 2007. 10. 24)

큰 소리 내는 법이 없고
조용한 몸가짐이
늘 있는 듯 없는 듯하던
아내가 아프다
그 손으로 야무지게 살림하며
자식들을 튼실하게 거두었고
무뚝뚝한 나를 싫다 않던
아내가 아프다
그동안 혼자 참으면서
속상한 일 많았던가
서러운 일 쌓였던가
마치 나들이라고 가는 듯
병원으로 가는 길
익을 대로 익은 나무들
가을은 눈부시게 펼쳐 있건만
나는 땅에 주저앉아
소리내어 울고 싶다

병상을 지키며

평생 물 같았던 아내
바람 불어 헤살짓지 않으면
언제나 그대로 고요했다
내가 바람이었다
한 번씩 흔들었으나
어느새 착 가라앉은 물결이었다
부부다툼은 칼로 물베기라는데
물에도 상처가 나고
보이지 않는 매듭도 생기나 보다
"나를 용서하소서."
가슴 쥐어뜯으며 흐느끼노니
이것만은 신께 드리기 전에
당신에게 먼저 바치는 기도다

당신이 웃을 수만 있다면

봄바람이 불어도
당신의 마른 가지는
더 이상 꽃을 피우지 못합니다
너무 먼 길을 걸어온 당신
당신은 지금 많이 아픕니다

이 봄밤에
나는 가슴이 부풀지 못하고
한숨으로 꺼질 듯합니다
창 앞에 선 당신 뒷모습에
한없이 눈물이 납니다

벚꽃 핀 봄밤에
언제 마주보고 앉았던가요
아님 단풍 든 산길을
손잡고 걸은 적 까마득하지요

지난날 얼마든지 할 수 있었는데

당신은 지금 많이 아픕니다
아무리 맛있는 음식도
어떤 아름다운 옷도
당신을 낫게 할 수 없습니다
그래서 나도 지금 아픕니다

유채 꽃밭에서

봄이 돌아오면
땅은 젊어지는데
사람은 그렇지 못한가

비었던 산과 들에는
풋풋한 숨결이 차오르고
갖은 빛깔과 모습으로 뽐내는데

강물은 목소리가 높아지고
새들은 흥에 겨워 재잘거리는데
사람들도 따라 신이 나는데

노란 나비떼 팔랑거리는 유채 꽃밭에서
나의 청춘을 이어가는
아이들을 문득 생각한다

같은 나무라 해도
작년 것이 아닌 새 잎, 새 봄
하늘 아래 같은 건 없다는 걸

국화 필 무렵

국화꽃 속에는
솟을대문
품 넓은 기와
내 어릴 때 집 한 채 있다

만장 같은 안방과 대청마루
쓸고 닦고 광내던
까만 머리 반지레한 어머니가 있다
갖가지 꽃들 어우러진 화단
감나무 대추나무 돌배나무
자식처럼 돌보던 아버지도 있다

형제들과
제기차기 구슬치기
한바탕 씨름판도 벌려
구슬땀 흥건히 쏟아내던

황토 등판 넓적한 마당도 있다

국화 향기 속에는
가을이 여물어가는
고향 들판
햇살도 다발다발 묶여 있다

아들아!

지난 날 어느 마을에 김영감댁
아들 장가들여 화목한 가정을 이루고 살았는데
아들이 귀한 집이라
장가간 아들이 손자를 못낳고
손녀만 낳고 말았다네
이 김영감은 손자를 고대했는데

결국은 대가 끊겨 동네 사람에게
절손이 웬말인가 불평만 늘어 놓았다네
자식 키우면서 많은 고생 감당하고
자식 커서 선대 잇고 내리 사랑하고
효도하는 인간사

언제 나 병들어 죽게 되면 선산은 어찌할고
아들아 나 하직하면 할아버지 묘 밑에 매장하고
삼년 있다가 너 건강할 때

너 죽기 전에 미리 서둘러 네 손으로
조상을 화장하라.

감나무

참 오랜만이다
별 것도 아닌 오해로
너를 참 멀리 했구나
서로가 뜸은 채
안 보고 그럭저럭 지냈는데
별 불편 없이 살았는데
이 가을에 너를 보니
지는 노을 앞에 서 있는
너도 벌써 노을이구나
뜸은 속 삭히느라
속울음 더러 재우기도 했겠구나
어떤 이는 전등불 켰다느니
어떤 이는 꿀처럼 달다느니
제 짐작대로 말하겠지만
내 할 말은 겨우 이것뿐

시간은 정말 藥손이구나

제 2부

잠실동의 봄

포장마차

언덕을 오르내리는
가파른 길이
등에 혹을 달고
눈보라를 맞는다
겨울사막을 건너는 낙타
등짝에서 더운 김이 솟아난다
그곳에 오뎅국물과 떡볶이가 있다
찾아온 사람들은 잠시
언 손을 녹이고 허기를 채운 뒤
다시 일어나 겨울을 건너간다
혼자 소줏병을 기울이는 사람도
뜨거운 국물 한 그릇에
외로움을 슬며시 풀어 버린다

엄동설한을 덥히는
포장마차 주인에게 미소하는 하느님

두 팔에 잔뜩 힘을 실어
비탈의 포장마차
꼭 붙잡고 계신다
더 이상 굴러내리지 않도록

산수유

밤새 누가 갖다 붙인 것인가
여기 저기 대자보가 나붙었다
3월의 햇볕 걸친
노르스름한 봄

엄동설한의 추녀 끝에서
오들오들 떨던 나무들
핏기 마른 얼굴에
환한 웃음이 어리고

움츠린 두 팔을 쭉 뻗으면
손가락 안테나 끝에
와서 걸리는 하늘
확 나꿔챈다

온몸은

실낱 같은 희망을 그물 치고
머릿속 왕성한 생의 불꽃놀이
번개 같은 생각이 톡톡 터진다

은행나무 거리

송파의 가을은 노랗다
햇빛도 노랗게
바람도 노랗게
거리에 깔린다

바람이 불 때마다
나무는 황금지전을 날린다
원 없이 만져보라는 것인데
정작 사람들은 지나친다
돈보다 더 아름답지만
돈을 줍듯이
아귀다툼을 벌이지 않는다

그래서 다행스럽게
아름다운 가을은 거리에 남아
만인들에게 나눠주고

돈은 보이지 않게
주머니에 꼭꼭 숨겨두는구나

잠실

물빛에 눈부신 그대 내 고향이여
달빛에 머리감고 휘휘 휘파람 불며
땅콩 서리하다 도망하던
추억 남겨둔 고향이여
나룻배 뱃머리 묶고 술마시며
노래하던 친구들
지금은 어디에 잘 있는가
그대들이여 그때 그 고향 사진을
잃지는 않았는가 가지고 있는가
무정하게 쉼없이 흐르는 세월
잠시 잊힌 고향을 다시
그리움으로 만들고 있다네

강영아 作 〈기다림〉

(잠실의 옛 모습 ; 송파나루터 가는 길에는 아름드리 버드나무가 울창했다)

모란시장에서

가끔씩 모란시장에 들러
좌판에 소복히 쌓인
온갖 야채와 과일, 먹거리를 본다
동네에 슈퍼나 마트, 백화점에서는
비닐포장에 싸여 반짝거리지만
흙냄새와는 거리가 멀다
서둘러 밭에서 바로 오느라
단장도 못하고 올라온 것들이지만
크기도 들쭉날쭉하고 얼굴도 가지각색
울툭불툭 제 성미를 보이며 다가온다
포장된 일상의 거리를 오가다 보면
때로는 이렇게 흙냄새도 맡고 싶다
노을은 서서히 모란시장에 스미는데
술 한 잔을 걸치고
조금씩 펼쳐놓은 그들 보따리에게
고향소식을 물어 본다

고요한 들판의 햇빛 한 줌과
앞도랑에서 가재 잡던 친구 안부를

순리

찬 바람이 건듯 불어오니
활활 타오르던 숲은
순식간에 불길이 꺼진다
거듭 바람이 밀려오자
불티는 사방으로 날린다
그러나 갈잎은 벼랑 끝에서
얽매인 삶의 고리를 끊고
한 번 새처럼 날아본다
손 다 털고 돌아가는 순간에만
얻을 수 있는 날개다
그뿐 더 무엇이 있겠는가
왔던 길을 가는 순례자의 걸음
빈 몸으로 가는 것이다
다음 봄을 위하여
오직 거름이 되는 것이다

가로등

고향역 플랫폼 가로등
세월은 비바람치면서
얼굴을 때리고 지나쳤는데
여태껏 온 종일 서 있다
고향을 지키려는지
어디선가 오고 있을 어둠을
끝없이 밀어내면서

잠실동의 봄

바람막이 없어진 벌판에
나무들이 몸을 떨며
봄을 기다리고 있다
한쪽 어깨엔 바싹 마른 겨울을
다른 어깨는 벌거벗은 채
새 날을 준비하고 있다
낡은 아파트가 허물어진 곳
새 아파트가 들어서면
텅 빈 건너편은
더 많은 사람들로 가득하리라

나의 건너편은 어딘가
한쪽에 추억을 매달고
빈터 한쪽에 무엇이라도 심으며
내일을 위해서라면
어떤 추위라도 견뎌야 한다

어느 곳에서든
돌아올 봄을 위하여
오래 오래 준비한
새 잎을 피워야 한다
한 순간 피고 진다 하더라도

봄이 오는 길목

보내고 맞이하는
세상은 들썩거린다.
물끼 마를 대로 마른 풀들이며
지상에는 연일 건조주의보가
또 화재도 자주 일어나는데
그 사이에도
누구도 막을 수 없는
봄은 서울에도 입성하고 있다.

쌍계사 십리 벚꽃
광양 매화꽃
일림사 철쭉꽃
우중충한 철길을 타고
빠르게 서울로 올라온 봄이
아련한 분홍 얼굴로
관광 안내판에 웅크리고 있다.

말

말이 없는 편인데
정작 하고 싶은 말도 없고
할 말도 없어서다
세상에 쏟아진 미끌미끌한 말들에
몇 번쯤 넘어진 사람들은
말을 돌아서 걷고
때로는 귀까지 막을 때가 많다
외려 침묵하는 말을 새길 때가 있다
사람이 보여주는 마음의 풍경
미소로도 몸짓으로도
그가 하는 말을 다 듣는다
티끌처럼 가볍게
공기를 탁하게 만드는 허튼말들
쉬지 않고 허공에 떠돈다
입을 벌리지 않으니
몸이나 마음 속에 뛰어들어
휘젓지 않는다

이사하면서

새집으로 옮기면서
짐을 덜어내는데
금간 화분 하나도
맘대로 버리지 못한다
어쩌다 한 번씩 물이나 주고
마주 웃는 것이 전부였는데
한 집에서 살았다는 것은
예사로운 일 아니다

안방 터줏대감인 줄 알았던 장롱도
새집에 필요 없으니
갑자기 덩치 큰 폐기물이 되었다
있어야 할 자리를 떠나
갈 곳을 잃으니
쓸모없는 짐이 되었다

지금 우리가 가진 것을
모두 털어내고
만약 낯선 곳에서
홀로 헤매고 다닌다면
나는 또 나의 짐이겠지

산중에서

중미산 중턱에서
본다
무엇을 위해
이렇게 높이 올라온 나무들
숨이 턱에 차면서도
앞선 나무들을 따라온 것
좀 쉬어 가려는데
다시 나무들은 내려가고 있다
세상에 화살을 쏘아대던 햇살은
성깔을 꺾고
부드러운 노을자락을 짜서
산을 덮고 있다
부지런히 올라왔기에
어깨에 그나마 노을 한 자락 두르고
산을 내려간다
더 어두워지기 전에

마지막 배웅

동료의 아버지를 영안실에서 처음 사진으로 만났습니다. 잔잔하고 소박한 미소가 언뜻 본 적 있는 것처럼 친근했습니다. 100세에 가까웠으니 호상이라서 조문객들은 상주와 평상시처럼 편안히 인사를 나누었습니다. 돌아가는 길에 보았습니다. 병원 담벼락을 짚고 담쟁이는 걷는 연습에 열중했고, 부근 언덕에서 아카시아가 볼 가득히 웃음을 채우고 있었습니다. 하긴 날씨 화창한 오월이었으니까요. 그런데 아카시아 필 무렵이면 그보다 그의 아버지 생각이 날 것 같습니다.

산길

산길을 걷다 보면
산 자와 죽은 자는 곧 이웃이다
거기서 거기다
우리들을 싸고 있는 나무들과 구름
그들의 둘레에 놓여 있다
어쩌면 귀를 열어놓고
새소리 물소리를 들으며
세상 얘기에 귀 기울이는지도 모른다

산길에서 멈춰 서면
이 무덤들의 주인들이 궁금하다
여기에 올 때
무엇을 챙겨 올라왔을까
농부가 가져온 마지막 씨앗
가수가 가져온 마지막 노래
누군가 가져온 마지막 사랑

보이는 것 같다
들리는 것 같다

코스모스

너, 어디 갔다 이제 왔니
꽃들이 몰려 다니던 그 봄날
너, 어디 있었니
나무들이 이제 한창
제 살아온 날들을 얼룩덜룩
장기(長技)를 펼치는 이 마당에
너, 고요히 서 있다
산과 들로 바쁘게 흐르던 가을이
네게 와서 맑은 강물로 고인다
꽃들이 신나게 천지를 뛰어다닐 때
무엇을 하고
다 떠나고 있는 이 언덕에
외로움으로 써내려 온
자유의 이름 하나를 걸어두었니

李晃 作 〈추억 속의 자연〉 (李晃, 「추억 속의 자연전」 화집에서 카피)
53.0×45.5cm, Oil on Canvas

단풍

산은 나무들의 치마폭에
불씨를 숨겼다가
한꺼번에 태우나 보다
여기저기 연기도 없는
방화가 시작됐다
바른 소리고 하고 싶었겠지
목구멍 치미는 억울함도 있었겠지
밤새 뒤척이는 외로움도 있었겠지
꾹꾹 눌렀던 모든 생각들은
한꺼번에 폭발했다
아무도 끌 수 없는 불길이
이 산 저 산 옮겨가며 치솟는다
미련없이 모두 지우고 가려나 보다
먼 곳에서 말없이 산이 살았다고
세상을 향해 소리치나 보다

겨울강

물새도
떼지어 떠나고

새들의 날개에 실려
햇살도 떠나고

어디서 몰려 왔는지
바람만 가득하다

입을 꼭 다물고
말은 다 삼켰다

소나무

늘 푸르렀으므로
늘 꼿꼿했으므로
그저 그러려니 했다
얼마나 푸른지 헤아리지 않았다
구태여 눈에 새겨본 적도 없다

지난 가을엔
단풍을 만나러
백양사까지 간 적도 있다
새벽에 나가
해가 노을 물드는 저녁까지
헤매 돌았다

정신없이 불타던 산과 들이
싸늘하게 돌아선 지금
하얀 눈으로 몸 씻고

머리카락 가지런히 빗질하여
스스로를 간추리는 정결한 이여
스치는 눈길마저 소롯이 가다듬는다

밤바다

불 같은 색조를 띤
바다는 어둠을 가르며 다가왔다.
파도에 합류하긴 쉽지만

빠져 나오지 못하는
바다는 고함을 질렀다.
산산이 무너지는 두려움으로

바다는 거칠어졌다.
너무나 푸르름
깨져 버릴 것 같은

하늘이 누르면
바다는 균형을 잃는다.
바다는 점점 퇴락해 갔다.

간이역

봄에는 꽃을
여름에는 바다를
가을에는 단풍을
겨울에는 눈을 실어 나른다.

우리의 인생도 열차를 타고
역마다 마을마다
훈훈한 정(情)들 만나
역사에서 역사를 이룬다.

만남과 헤어짐
무수히 얽혀 있는 사연들
당기고 밀치며
역에서 역사를 이룬다.

노을

한 때를 노래로 춤으로
세상을 뒤흔들던 나무들
이 땅을 뜨기 전에는
몸속 피 한 방울까지 짜내
자신을 깨끗이 털어 버리고
지는 해는
떠나갈 저녁에
늘 곁의 하늘에게
남은 불빛을 아낌없이 쏟아준다
누구나
목숨이 꽃처럼 피어서
잎으로 열매로 무성해도
떠날 때 뒤돌아보지 않고
되도록 가벼이 걷는다면
저토록 아름답고 환하다

李晃 作 〈추억 속의 자연〉(李晃, 「추억 속의 자연전」 화집에서 카피)
53.0×45.5cm, Oil on Canvas

마지막 가는 길에

이승이 그리워도 그리워 마소
저승이 가기 싫어도 가야 할 길인 것을
붙잡고 놓지 않는다고
안 가도 되는 길이던가

우리네 인생 아옹다옹 살아도
결국은 저리 갈 것을
님들아 다정스런 미소 머금고 사소
가슴 저리게 아픈 추억도 가난했던 기억도
다 잊고 등 돌리고 가소

붙잡은 자식들이 눈앞에 아른거리고
정에 매여 얼굴에 온통 눈물로 통곡해요.
지금 가시면 못한 효에 이 가슴은 갈기갈기 찢어집니다.
그래도 가야 할 길인데
눈물 보이지 말고 가야지

살아 있을 때 너무 정 주지 마소
살아 있을 때 너무 미워하지 마소
저렇게 허망하게 갈 것을
정 주고 미워한들 뭐 하겠소
떠나면 다 소용 없을 것을…

행복

주어진 여건 속에서
신명난 통기타 가락처럼
구성지게 살아야
아래로만 흐르는 산골 물처럼
흥거운 노랫가락 뽑을 일이다.
세 살박이 어린애처럼
벙글벙글 웃으면서 살아야

행복은 위를 보고 부러워 할수록
비참해지는 것
자신보다 못한 아래를 볼 일이다.
행복하게 생각하면 행복하고
불행하게 생각하면 불행한 것
행복은 마음먹게 달렸다.
빵긋빵긋 웃으며 살 일이다.

제3부

당신의 얼굴

동행

산길 오르다가
몸에 척척 감기는 햇발
떡갈나무가 살살
손으로 거두어 가네
오르고 내리고
스치는 타인들 사이에서
지치지 말라고
응원해 주는 그대가
오늘 내 친구네
아직 남은 길은
그대 생각하며 갈 수 있겠다
혼자라 생각 않고
힘내어 걸을 수 있겠다

당신의 얼굴

우리의 사랑은
시가 되었다.

지새우던 날들이
행복에 공기가 되어
방안에 꽉 담아 있다.

그대가 떠나감은
가을 낙엽 같은 것

지속될 행복
당신 눈에 그려 있다.
시인의 시가 되어
사랑한다고 말을 한다.

나무들의 몸짓

우리 그때는
파도치는 숲이었으니
푸르게 서로에게 닿아
끝없이 부풀었네
새들은 둥지 틀어
사방에 노래를 뿌렸네

지금 우리는
서로의 손을 놓고
너무 솟구쳐 올라
터졌던 가슴을 꿰매는
고요한 11월의 숲
새들은 지친 목을 다듬네

파도

파도야
너는 무엇 때문에
성난 얼굴로
해수욕장에
얼굴을 내민 백사장을
밤낮으로 몰아치느냐
그만 그칠 때도 됐구만
가슴에 담지도 못하면서
어쩌자고
그렇게
저 혼자 애태우며 흔들리는가
파도여 철썩 철썩
더 큰 소리로 실컷 울어라
옹고집 파도여

연꽃 구경
— 새미원에서

홍련은 당신의 처녀적
분홍 볼이 탐스럽고
백련은 당신의 중년
흰 얼굴이 돋보이는데
한 구석에
저 가시방석 깔고 앉은
가시연꽃은
너의 무엇인가
장미보다 독한 가시로
당신의 울타리를 지키던 그 시절
머리에 올린 보랏빛 화관
당신의 오늘인가

어떤 사랑

바로 곁에 있는
아니 마주 보는
멀리서 바라볼 뿐인
사랑은 가지각색이다
나는 절친하지는 않는 이의
장례식에 와서
오랫동안 맴돌면서
사랑으로 붙들지 못했던 너를
길 가다 문득 떠오르는 너를
그리움이라 부른다
가까운 듯 아직도 먼 사람
하필이면 그 많은 사랑 중에서
내가 갖게 된
세월만큼도 자라지 못한
멍울이 된 사랑이여

선인장

젊음 하나가 무기인가
사철 푸르고 단단한 몸뚱아리
나풀거리는 웃음으로 단장하는
둘레의 꽃들과 다르게
적게 먹고 적게 쓰고
제 분수만 지킨다.
사막을 떠났으니
다르게도 살아갈 수 있는데
헛된 자유 않도록
스스로 가시를 찔러 가누지만
어쩌다 터져 나오는 열정이야
하늘을 노랗게
땅을 빨갛게 물들인다.
계절을 따라 사라지는 꽃들
그러나 네겐 겨울도 언제나 봄이다.

李晃 作 〈추억 속의 자연〉(李晃, 「추억 속의 자연전」 화집에서 카피)
Oil on Canvas

자귀나무

7월의 숲
검푸른 파도가 출렁거리는데
그곳에서 너를 보았다
무슨 혼불이 씌었는지
여름 대낮을 더 뜨겁게 달구며
수 백 마리의 분홍 나비떼로
하르르 하르르 날아다녔지
어두워질수록
더 환하게
날개를 세운 불나방이떼
젊은 날의 너를 보았다
그 골목을 걸을 때마다
울타리 너머로 보았다
칠흑 같은 머리를 땋아 늘이고
부채춤에 빠져 있던 너
두 번도 오지 않는

우연한 만남
멀지도 가깝지도 않으면서
잊혀지지 않는 세월

낙엽

해질 무렵
길을 걷다가
언뜻 불어가는 바람
서늘한 체취
아직도 네가 내 곁에 있었구나
나도 가까이 할 수 없는
내 속 어디에서
한 번씩 꿈틀대는 세월
한 잎이 발밑으로 떨어진다
문득 걸음을 막아서는
추억 한 이파리

진눈깨비

동인들 몇과 새미원에 갔다
겨울은 가고
곧 봄은 다시 오고 있는데
비도 아닌 것이
눈도 아닌 것이
세찬 바람에 섞인다
지난 여름 여기 저기 가득찼던
백련 홍련 다 어디 가고
시커먼 줄기들만 흔적을 보인다
花無十日紅이라
인간의 삶이 또한 그러한데
몇 송이 꽃에 목숨을 걸고
뒤도 안 보고 걸어왔는가
줄기의 흔적을 뒤집으며
자손들은 또 꽃을 피우겠지만
우리는 저 진눈깨비처럼
지금 바람에 날리고 있는데

인연

나의 수상식에
그 사람이 보낸 장미
싱싱한 물기가 걷힌 뒤에도
벽에 걸려 있다
지난 시절에 만난 사람들
웃음과 희망을 나눈 그들도
삶의 물기가 마르면서
내 가슴에 걸려 있다
바싹 마른 꽃이
산산이 부서져 내리기 전에
벽에서 모습을 감춘 것처럼
가슴에서 아예 지워졌거나
아직 남아 있긴 하지만
간간이 몰아치는 바람 앞에서
가쁜 숨결 헐떡이는
사람들이 있다

그대를 보내며

그대를 보내고 알았습니다
있을 때 몰랐던
빈 자리가 이렇게 큰 줄을

이럴 줄 알았더라면
오는 걸 미리 막았을 걸
그런 생각도 했습니다

오가는 게 세상 이치고
만남과 이별이 사람의 일이라고
스스로를 달래기도 합니다

그대가 곁에 있어서
또 그대가 멀리 떠나서
웃음과 눈물 그 깊은 맛을 알았습니다

李晃 作 〈추억 속의 자연〉 (李晃, 「추억 속의 자연전」 화집에서 카피)
40.9×31.8cm, Oil on Canvas

떠난 여인

한 송이 백합같이 해맑던 너
온 종일 보아도 보고 싶은 사람
이제는 빛바랜 흑백사진처럼
어둠 속으로 잠기고
소리쳐 부르고 잡고 싶은 마음도
바람에 가만히 실려 보낸다

한 송이 목련같이 환하던 너
꽃그늘 아래 꿈꾸었던 미래
슬픔으로 스러지고
연정은 절망으로 바뀌어
소리쳐 울고 싶은 마음도
바람에 고요히 날려 보낸다

고독

아침이 오고 밤이 오고
언제까지나 되풀이 됩니다.
쓸쓸한 방 안에 희미한 촛불이 흐느적거립니다.
싸늘한 방 안엔 빈 술병과 빈 잔이 쓰러져 있고
밖에는 부슬부슬 비가 내립니다.
추위에 떨며 슬픈 가슴 감싸 안은 채
하루하루 보내네
그러나 그대는 다시 올 줄 모릅니다.
그러나 미련 때문에 올 것을 기다립니다.

4월의 눈

깊은 산골짝을 깨우는 봄볕
손에 막 끌려 나온
뺨에 홍조띈 진달래
이게 어인 일인가
한 번도 본 적 없는
꿈에서도 만난 적 없는
백마 탄 눈님까지 찾아왔네
가던 겨울이 돌아와
봄을 힘껏 껴안았네
두 번 다시 오지 않을
하룻밤 인연인데
만리장성 쌓기에는 너무
차가운 손길인데
진달래 입술 새파래져
오들오들 떨고 있다

*2007년 4월에 눈 내린 이변. 눈과 진달래가 만난 적은 없었다

가을강

세차게 뜀박질하며 달리고
강둑을 넘칠 듯 조바심치던
세월의 강은
다소곳이 흐른다

어디쯤에서
너를 만나고
또 헤어졌는가
다시는 만날 수 없는가

아직도 등 뒤에서
말없이 비추는 불빛
따뜻한 추억 속에서
너를 만난다

이쯤서는

떠난 너를 용서하고
나에게 왔던 너를 감사하고
다시 한 번쯤 만나고 싶다

함께 손을 잡고
흐르고 싶다
남은 길을 함께
가고 싶다

지난 여인

목련꽃같이 밝은 너는
지난 여인이었다.

초록색 꿈에 뒤덮여 있는
여름에 성숙한
미래의 기대감으로 즐거워하던 너는
지난 여인이었다.

슬픔과 추억으로 깊어져
이렇게 여정을 절망으로 표현하고 있는 너는
지난 여인이었다.

빛바랜 흑백사진처럼
퇴색해 버린 시간을 바람에 날려 보내고
신기루 같은 옛 추억을 눈 속에 묻어둔 너는
지난 여인이었다.

소리쳐 부르고 잡고 싶은 마음도
허공에 날려 보낸 너는
지난 여인이었다.

李晃 作 〈추억 속의 자연〉(李晃,「추억 속의 자연전」화집에서 카피)
53.0×33.4cm, Oil on Canvas

후회

그때
난 알지 못했다
푸른 숲 무성한 여름이
오래 계속되지 않는 것을
물물이 단풍든 가을이
그렇게 빨리 갈 줄도
곁에 있는 그대를
알아채지도 못했다
저만치 스쳐 지나고 나서야
뒤돌아보았을 때
우리는 이미 까마득히 멀었다
파도치던 잎새들의 노래도
무지개 서던 단풍들의 손짓도
사라진 지 오래였다
시간은 멈추지 않고 흐르고
우연은 시간 속에 얼굴을 숨기고
나의 곁에서 멀리 떠났다

사랑의 꿈

오래 서 있었다
네가 나를 바라보기를
네가 내게 오기를
많은 사람들이 스쳐 갔다
내가 너를 찾지 못하는지
네가 나를 잊어버렸는지

강 건너
햇빛 속에 빛나던 산과 들
이제 노을 속에
제 모습을 감추는데
너는 어디에서
헤매고 있는 게 아닌지

나는 아직도 기다리고 있다
아니 네게로 가고 있다

가까이에 네 숨결을 느낀다
거리의 따스한 불빛들은
이제 서서히 내리는 어둠을
열심히 밀어내고 있다
너와 나를 위해서

떠나는 마음

엊그제
보고 싶다는 말 한 마디
전화 속에 묻어놓고
무음으로 다가오니
어째 나의 마음
헤아리지 못하는 건가?

숱한 세월
착하고 착하게 살아왔건만
남의 마음 속 허전하게
큰 구멍만 남겨놓아

잘 가라는 말도 못하고
슬픔으로 가슴을 깎아내는 것은
내 욕심인가?
남은 나의 곁을 떠나는데

나는 나의 곁을 떠나지 못한다.
그 욕심이 나를
노래로 살아가게 하는 것인가?

여자중 당신

환한 미소는 환상을 자아내지요
세상 사람 아무도 당신의 미모를
본 적이 없으나

오직
시인의 눈에만
나타내 보여주니
그저 감사하나이다.

그대의 이름
나의 이름
새롭게 태어나
새 세상을 걸어갑니다.

어둠 속에서도
당신의 아름다움은
빛나고 있었으니…

장미원에서

나이가 들어갈수록
세상에 널린
꽃들은 더 예쁘고
나무들은 더 힘차 보인다
꽃 속에 파묻힌 날도 많았고
나무처럼 당당히 뽐낸 날도 많은데
아직도 꽃들은 탐나고
지금도 힘쓸 일은 남았는지
장미의 고운 살결
뿜어내는 향기로운 숨결에
정신이 얼떨떨하다
아직도 보이는 건 많지만
이젠 가려야 할 일도 만만찮다

그리워

서성이는 마음
잊으려 하면 할수록 그리워지는
그리움의 파도소리

설레이는 마음
눈물 방울로 떨어진다.
정신 빠진 사람 서 있는
먼 산 바라보는 허수아비가 되었다가
언제까지나 한 자리에 못 박힌다.
못 박힌 말뚝이 되었다.

제4부
구름처럼 강물처럼

눈 감은 사람

전철 안
눈 뜬 자들 사이를
눈 먼 사람이 지나간다
그를 지탱해 주는 건
오직 지팡이 하나다
이것은 그의 친구요
그의 눈이기도 하다
하루에 한 번 잠자리에서
눈을 감는 시간이 없다면
다음 날로 건너가는데
틀림없이 지장이 생기리라
그러나 보고자 하는 것을
못 보는 괴로움에 비하랴
눈 뜨고도 볼 수 없는 것들은
또 얼마나 많으랴
눈 감은 세계에서도

우리들의 꿈 속에서
보고 만나고 사랑하는
빛깔과 모양이 왕래하면 좋겠다

별

모두 환하게 드러내는
햇빛 속에서 겉돌다가도
캄캄한 밤중에
고요히 찾아옵니다
아주 작지만 매우 빛나는 숨결
멀리서 지켜보는
바로 당신입니다

석가탑

그는 땅에서
밤낮 없이 돌을 쪼아
하늘로 소망을 쌓아 올렸다

낮이고 밤이고
그의 돌탑에 와서
고개 숙이고 두 손 모으는
사람들의 기도는
아사달의 여윈 어깨를 딛고
끝없이 하늘로 날아오른다

밥상

부르지 않아도
봄은 찾아와
이 산 저 들 제자리를 찾아든다
오늘 밥상에 오른 쑥국
겨울동안의 마른기침을 씻는다
냉이무침도 상큼하게
덤덤한 입맛을 되돌린다
밥이라는 한 끼의 보약을
꼭 꼭 씹어 삼킨다
나에게로 온 인연이
어디 사람뿐이랴
내 속에 차곡차곡 쌓아둔다
때가 되면 걸러서 나가는 것일망정
내 몸에 남는 것이 아니랴
내게 왔다가 간 사람도
보이지 않아도 떠났다지만

내 맘 어딘가에 자리잡고
이렇게 돌아오는 것이 아닌가

연꽃 구경 · 2

이쪽에는
처녀 같은 수줍은 홍련
볼을 붉히고
저쪽에는
마님 같은 단아한 백련
흰 얼굴이 눈부시다
어느 한 곳만 바라보기에는
끝없는 아쉬움으로
길의 복판에서
이쪽에서 저쪽으로
저쪽에서 이쪽으로
울타리 너머로
바람처럼 왔다 갔다 하는 사이
해가 졌다

구름처럼 강물처럼

서로에게서
썰물처럼 빠져 나갔다가도
슬며시 밀물처럼 돌아온다
더 이상 바라지도 않고
더는 잃어버릴 것도 없다
서로에게 비바람칠 때도 있지만
어느 길을 가도
삶이 때때로 젖는다는 걸
이미 알고 있기 때문이다
같은 길이라고 해도
누구는 구름처럼 흐르고
누구는 강물처럼 흐르는 것이라서
더 이상 따질 일도 없는 것이다
빤히 보이는 길도
돌부리에 걸려 지체되기도 하고
멀어만 보이는 길도
세상사를 둘러보는 재미가 쏠쏠하다

가을산

젊은 날은
푸른 오기 하나로
우쭐거리며 살았다
도무지 겁이 없었지
비바람도 두렵지 않았다
열심히 살아온 덕인가
더러는 빨갛게
더러는 노오랗게
더러는 얼룩덜룩하게
저마다의 빛깔로 잘 익었다
서로 잘 났다고 우기거나
서로 밀어내지 않고
사이좋게 어우러져
끝내주는 풍경을 만들었다

산행
― 밤나무 아래서

6월에는
밤꽃이 눈처럼 산을 덮더니
가을까지 야물게 키운
눈망울이 똘망똘망한 밤들을
이제 풀섶으로 쏟아 붓는다
밤나무 아래 잠시 쉬어가며
친구들과 밤을 줍다가
입 쩍 벌리고 달겨드는
고슴도치 집안을 뒤져
반드레한 밤알 삼형제를 꺼낸다
밤톨을 벗겨본지 얼마만인가
친구들의 얼굴에
먼 먼 옛날이 묻어 있다
정말 돈 주고는 살 수 없는
그리운 시간들이 남아 있다

덫

그해 겨울
푸짐한 미소를 띄우며
한 사람이 다가왔다

언젠가 친구가 귀뜸한 몇 마디는
별스럽지도 않았고
스쳐 지날 줄 알았던 傳言
문득 웃음 끝에 묻은 말이었는데
다가온 그 사람이 마음먹고 접수했는지
소문은 바람처럼 날아다녔다
내가 만든 올무
거기 내가 갇힐 줄이야
겨울이 다 가도록
봄이 왔는데도
그물 밖으로 빠져 나갈 수 없었다
대가를 다 치르고 햇빛 속에 섰지만

다 걷어낼 수 없었던 상처는
나를 묶은 또 하나의 어둠이었다

무수한 덫이 미소를 띄우고
오늘도 종일 긴 손톱을 갈면서
때를 기다리고 있다

미루나무 아래서

젊은 날 우리들 가슴은
저렇게 바람에 팔랑거리며
바람개비처럼 빨리 돌았을까
기쁠 때나 슬플 때도
뜨겁게 소리치던 피
날이 갈수록 잠잠해지더니
아예 말을 삼킨다
나는 오늘 미루나무에게서
날개처럼 퍼득거리며 날아오르던
젊은 날의 꿈을 엿본다
높은 산도 넘어가고
깊은 강도 건너가던
씩씩하던 희망을 맛본다
남은 날은
나를 덜어 이웃에게 나누고
주어진 하루하루에 감사하리라

봄이 가까이

긴긴 밤
찬바람에 지새우면서도
씨앗들을 품어
숨결을 틔우는 너

어디를 가시는가
나뭇가지 사이사이를 돌며
꽃망울을 피우시려나
잎을 피우시려나

어젯밤에도 오늘 아침도
너를 기다린다
금방이라도 피어날 네 미소에
내 몸에도 피가 솟구친다

산행
― 가을산

바람을 일으키며
사방으로 달려가던
푸른 잎새들이 잠잠해지고
노을이 내려앉는 하늘처럼
산이 불그레하다
정신없이 불타오를 때도 오겠지
사람도 늦으막한 때
노을처럼 가을산처럼 곱게
물드는 게 또한 순리가 아닐까
반평생 동안
함께 걸어온 친구들과
가슴을 열어준 나무들과
추억이 쌓인 산
하산길을 밝혀주며
노을 한 자락 깔린다

李晃 作 〈추억 속의 자연〉(李晃, 「추억 속의 자연전」 화집에서 카피)
53.0×45.5cm, Oil on Canvas

친구

불쑥 찾아오고
뭐가 불만인지
말투도 왈칵거려도
그래도 속이 구수하던 사람

어느 날
뭐가 씌어
속 없는 헛된 사랑에 빠져
우왕좌왕하더니
하루아침에 사라졌다

잘나도 못나도
그게 친구 아니든가
한동안은 눈살도 찌푸렸는데
바람이 창을 흔들어도
그 사람 손짓 같다

다시 사랑을 찾아갔는지
집안에 묶였는지
요즘 통 두문불출이다

가방

꿈에 친구 하나가
옆에 있는 친구를 주라며
가방 하나를 던져준다
자동문에 끼어 내게 전달된 그것
먼저 내가 들어본다
갑자기 어디서 몰려왔는지
한 무리 친구들이 뺑 둘러싸고
"그 가방 너무 멋진데"
이구동성 소리친다
나는 친구에게 전해줄 것을 잊었다
'이런 멋진 가방은 처음 보는데'
계속 가방을 들고 있다가
잠을 깨었다
그 친구 원래 속셈은 나를 준 것인지
그래서 가방을 바꾸어보라는 것인지
옆에 친구를 준 건지

그렇다면 내가 빚을 진 건지
또 가방은 무엇을 뜻하는지
꿈을 깨고도 몽롱하기만 하다

늦은 용서

그는 새로운 나의 이웃이었고
그리고 어느새 친구가 되었다
나는 그와 차츰 얘기도 나누다가
식사도 가끔 나눌 때도 있으며
노래방에도 같이 갔다
나는 "청춘을 돌려달라"고 외쳤고
그는 "님의 향기"를 속삭였다
무엇 때문인지도 모르고
그와는 뜸해졌다
별 이유도 없이
옛날처럼 오가지 않는다
내가 바쁘다는 이유로
그가 좀 젊은 탓으로
한 철을 그냥 버린 지금
서로에게 소홀했던 시간들
서로에게 용서받고 싶다

눈꽃

눈 내리는 날엔
세상의 모든 나무들은
꽃을 피운다
오직 한 마음으로
하얀 꽃들만 피운다
자신만의 색깔로
피워 올렸던 갖가지 꿈들을
한 번쯤 접어두고
지나온 발자국을 잠시 지우고
고요한 생각에 잠긴다
순결한 세상에 빠져든다

눈이 내린다

끊임없이 파고 두드리고
만들고 무너뜨리고
사람들이 함부로 버린
세상 가득한 쓰레기들을
하느님도 못 견디시는지
가끔 세상을 깨끗이 지운다
백지 위에 서서
이 하루만이라도 정말
내가 걷고 싶은 길
내가 묵어가고 싶은 집
가만히 그려 나간다
같이 눈을 바라보며
생강차 한 잔 나눌
말없는 사람이 그립다

李晃 作 〈추억 속의 자연〉(李晃, 「추억 속의 자연전」 화집에서 카피)
40.9×27.3cm, Oil on Canvas

어머니의 절규
— 아들을 보내고

그칠 줄 모르는 장대비가
종일 내 속을 쿡쿡 찌릅니다
태양처럼 빛을 뿌리던
아들의 웃음이 사라지자
해바라기처럼 돌아가던 우리 꿈
꽃대가 꽉 꺾였습니다
30년이 넘도록 당뇨병에 시달리는 아버지
뻥 뚫린 세월을 메꾼다고
나는 손발이 다 닳았지만
아들에게는 늘 못 미치었습니다
흔들리는 집의 하루를
꽉 잡아준 건 아들입니다
주저앉은 나를 손잡아 일으킨 것도
바로 그 아들입니다만
35세에 총각으로 그 스스로 목숨을 끊다니요
환한 웃음 아래 까맣게 속 타는

누구도 건드릴 수 없는 슬픔에
어미인 내가 무릎 꿇어 빌 뿐입니다
이제 무엇을 바라 살아가나요
다음 좋은 세상에서 태어나
맘껏 날개 펴고 날아보라 빌 뿐
그저 저 장대비처럼
천지에 대고 목 놓아 울고 싶습니다

李晃 作〈추억 속의 자연〉(李晃,「추억 속의 자연전」화집에서 카피)
50.3×33.4cm, Oil on Canvas

다시 상원사에서

같이 왔던 친구는 없는데
그날의 청춘도 없는데
오대산을 거느린
문수동자는 그대로 계신다
절집을 품에 안은
앞산 뒷산 전나무숲은
더욱 울울창창하고
계곡의 물줄기는
변함없이 푸르구나
살아가는 동안
몇 번이라도 다시 오마
시시각각 변하는 세상 따라
인심도 달라지는데
친구와 나의 추억만은
그대로 품고 있는 상원사여

양평의 서종면

유월은 온통
희고 노란 풀꽃들이
부푸는 계절
그 틈새를 비집고
우리는 푸른 들판의 일부가 된다
짧은 하루의 휴식을 위해

그대여, 얼마나 많은 노동에 성실했는가
바쁜 일상을 접고
저 투명한 하늘과 마주한 적이 있는지
산다는 것 어쩌면
오래된 습관 같은 것인지도 모른다

지금 이 순간을 위해
충실해야 할 때
물푸레나무 그늘에 앉아

우리의 여름을 이야기하자
개울에 빠진 아이처럼
서로 옷이 흠뻑 젖도록

KOSIA
(사)한국가요작사협회

설악산의 추억

슬로우 고고

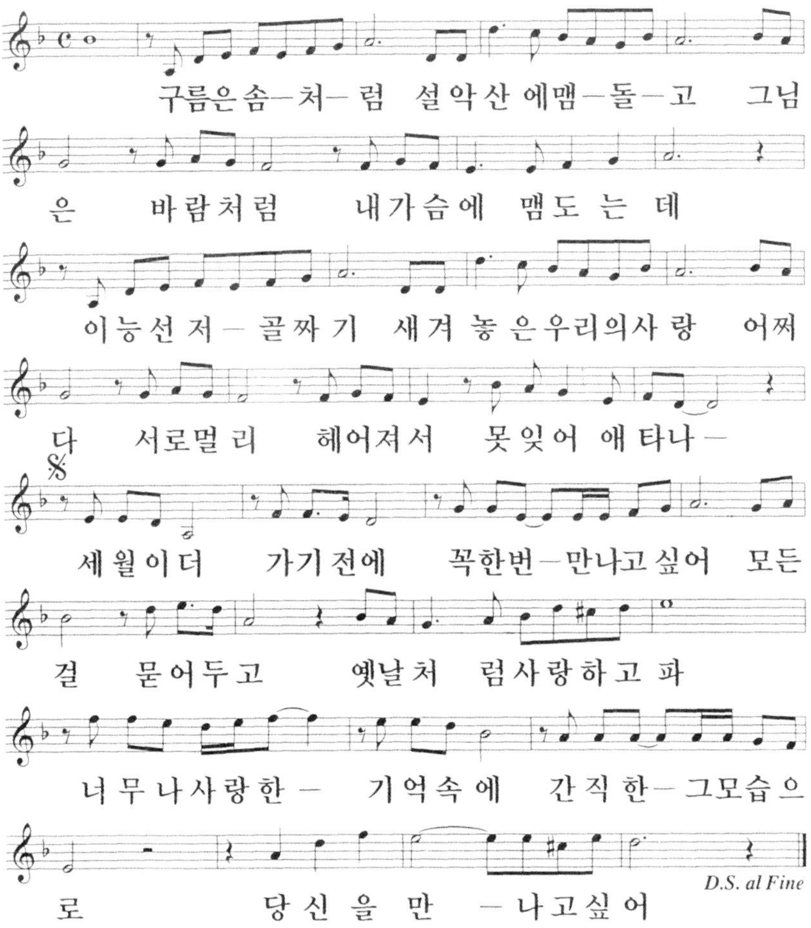
구름은솜ㅡ처ㅡ럼 설악산에맴ㅡ돌ㅡ고 그님
은 바람처럼 내가슴에 맴도는데
이능선저ㅡ골짜기 새겨놓은우리의사랑 어쩌
다 서로멀리 헤어져서 못잊어 애타나ㅡ
세월이더 가기전에 꼭한번ㅡ만나고싶어 모든
걸 묻어두고 옛날처 럼사랑하고파
너무나사랑한ㅡ 기억속에 간직한ㅡ그모습으
로 당신을만 ㅡ나고싶어
D.S. al Fine

설악산아 말해다오

꽃이 피고 단풍이 들어
계절대로 어우러져 산세가 장관인 산
이 계곡 저 계곡에 추억이 묻어 있어
가슴에 깊이 박힌 행복 그 사람이
보고 싶구나 높은 설악산은
그 사람을 보고 있겠지 설악산아 말해다오

녹음이나 눈이 쌓여도
계절대로 어우러져 경치가 장관인 산
이 골짝 저 골짝에 사랑이 배어 있어
머리에 깊이 박힌 그리운 그 사람
보고 싶구나 높은 대청봉은
그 사람을 보고 있겠지 대청봉아 말해다오

떠난 여인

백합꽃같이 맑은 너
온 종일 보아도 보고 싶은 사람
이제는 빛바랜 흑백사진처럼
퇴색해 어둠 속에 버리고
아름다웠던 옛 추억을 바람 속에 묻은 너
소리쳐 부르고 잡고 싶은 마음도
허공 속에 날려 보낸 떠난 여인아

목련꽃같이 밝은 너
초록색 꿈에 뒤덮여 있는
여름에 성숙한 미래의 기대감으로
행복했던 너 추억을 슬픔으로 돌려
이렇게 연정을 절망으로 바꿔
소리쳐 부르고 잡고 싶은 마음도
허공 속에 날려 보낸 떠난 여인아

이별은 안돼

우리에게 만남이 신의 축복이요. 사랑해
떨어지면 보고 싶고 만나면 즐겁기만 해
행복을 상상 속으로 물들여 놓은 우리
산같이 쌓인 정에 나 혼자 매일 울려
당신이 있으면 내 삶에 길이 불켜진 행로요
이 생명 다하도록 당신을 사랑할 거야
이별은 안됩니다.

우리의 만남이 생의 인연이요. 사랑해
떨어지면 보고 싶고 만나면 즐겁기만 해
희망을 상상 속으로 물들여 놓은 우리
깊숙이 쌓인 정에 나 혼자 매일 울려
당신이 없으면 내 삶에 길이 불꺼진 행로요
이 생명 다하도록 당신을 지켜줄 거야
이별은 안됩니다.

작품해설

아버지의 등대 그리고 시적 표현
— 손민수 시집 『아버지의 땅』

채수영
시인 · 문학박사 · 문학비평가

1. 시의 속내

　시는 인간을 말하는 문자기교의 표정이다. 다시 말해서 언어로 인간의 속내를 나타내는 방법—언어를 통해 인간의 삶에 대한 성찰이나 지혜의 푸름을 나타내는 의상일 뿐이다. 물론 시는 이 세상의 모든 대상을 포괄하는 점에서 기교를 필요로 한다. 더구나 산문과는 달리 응축(凝縮)이라는 방법을 동원하기 때문에 비유나 상징의 의상을 걸칠 때, 시의 숲은 푸르게 조성된다. 이때 시인은 원정(園丁)의 임무를 수행하는 사람이다. 전체의 모습— 마음에 하드웨어인 설계도를 만들어 그에 따른 소프트웨어를 적절히 구사함으로써 시의 정원은 아름다움을 갖추게 된다. 이런 과정은 시인의 뇌수(腦髓)에 정치(精緻)한 논리성을 구축하는 도정(道程)을 지나게 된다. 흔히 시는 비논리의 논리를 말하지만 정작 시의 완성까지는 의미의 논리가 정연하지 않으면 안 된다. 물론 완성된 시는 앰비규어티라는 특징—이 경우도 의미의 정리가 들어있을 때 감동을 남기지만, 무질서의 조합인 이현령비현령(耳懸鈴鼻懸鈴)의 상황과는 다르다. 시는 정서의 파편들을 모을 때 오히려 혼란스럽지만 정서를 분산하여 정리할 때 비로소 의미의 소통이 비유로 엮어지게 된다. 이 때문에 시의 상징이나 비유의 소용은 항상 시인과 밀접한 의식을 수집하여 시로 몸을 바꾸게 된다. 다시 말하여 시는 시인 자신을 말하기 위해 우회적인 방법을 표현도구로 삼기 때문에 직접적인 대화가 아니라 간접으로 접근하여 의미의 성(城)에 도달하는 기교가 시인의 특성과 시의 상관이 이루어진다. 이 경우 환경이라는 인자(因子)는 평생 동안 영향을 끼치는 요인으로 시의 수명을 연장하는 방법과 일치된다. 즉, 시가 시인의 심성에서 절실성을 갖는가 아니면 장식이나 사치품목인가는 시의 성격과 밀접하다. 다시 말해서 시의 속내가 시인의 삶과 필연적일 때 비로소 시는 감동의 누선(淚腺)을 자극하는 임무를 완수할 수 있다. 시를 장식으로 쓰는 시인은 이미 허화(虛華)의 껍질에 갇힌 가화(假花)의 이름이기 때문이다.

시에 대한 손민수의 소회는 소박하고 검박(儉朴)한 의미를 만나는 점에서 다감성을 느끼게 된다. 다시 말해서 시를 필연의 에너지로 삶과 결부하는 특징이 있음이다. 시인의 육성을 옮긴다.

시는 삶의 노래이므로 나와 나의 가족을 알아가며 나를 둘러싼 모두의 환경을 관계 맺는 축복의 시간이었습니다. 하나씩 들추어내면 아프고 서럽던 기억마저 나를 간추리는 용기와 용서와 힘이 되었습니다. 결국 한 편의 시는 삶이 있는 한 노래로 이어지게 될 것입니다. 누군가가 기대는 어깨가 되고 위안과 격려가 되는

삶이 되도록 스스로를 가다듬을 것입니다

— 〈늦은 발걸음 '삶을 시처럼'〉에서

서문에 있는 말이다. 시가 가족과 세상을 연결하는 도구로 바라본 관점이다. 아울러 시로 인해 아픔과 고통의 언덕을 넘을 수 있는 에너지원(源)으로 생각하는 마음에는 삶의 동력이 될 뿐만 아니라 미래를 연결하는 창문이 되는 생각을 접하게 된다.

두 번째 시집을 상재하는 손민수의 시는 정감(情感)이 유난히 드러난다. 아버지를 흠모하는 마음에서 시의 근원을 이루는 효심이 지극한 인상을 전달하고 어머니의 사랑과 아내에게로 향하는 절절함은 시인의 성품이 시의 주된 작용을 한다. 이런 성미는 정적(靜的)이고 감성적이면서 내성적인 성품에서 나타나는 따스함일 것이다. 바람결에도 미묘한 자연을 느끼고 흐르는 강물에서도 순리의 삶을 유추하는 것은 손민수의 정서에 담겨진 넉넉한 품성이기에 그런 길을 추적하면서 다가오는 가락에 흥겨움을 맛보는 길로 들어간다.

2. 등대를 향하여

1) 아버지의 등대

넓은 바다에 칠흑의 어둠이 오면 과학적인 방법에 의존한다 하더라도 등대의 불빛은 안도감을 준다. 왜냐하면 그 길을 따라가면 무사히 목적의 항구에 도착하는 일면 새로운 세계를 선택하는 매듭에 이를 수 있기 때문이다. 비유이지만 아버지는 등대의 모습으로 다가든다. 이는 농부의 고단한 삶이었을지라도 시인의 마음에 깊게 각인(刻印)된 트라우마가 평생의 등대로 설정되어—시인의 삶에 에너지를 제공하는 기둥으로 작용하는 점에서 큰 바위 얼굴인 셈이다.

어려운 이 시대에
제일 먼저 아버지를 떠올립니다
개미처럼 벌처럼 부지런하셨고
평생 흙과 함께 살았지만
하늘에 한 점 부끄럼 없던 아버지

누구처럼
이름 동여맨 기부금을 낸 적 없지만
이웃의 가난을 그냥 지나치지 않았습니다
"네 아버지는 딸린 식솔이 너무 많아."
어머니는 가끔 푸념을 하셨지만
그 덕택으로 지금까지도 저를
누구의 아들로 부르고 있답니다

지금 사람들은 더욱
하느님과 부처님을 찾으며 목이 쉽니다

넓고 큰 품에 안겨 눈물을 쏟아냅니다
　　어린 저는 아버지에게서
　　하느님도 부처님도 함께 있는 걸 보았습니다
　　가진 것을 나누고, 몸을 낮추는
　　아버지의 넓고 깊은 품도 보았습니다
　　저도 아버지 그림자를 따라 갑니다

　　아버지는 내 안의 거울
　　비뚠 걸음 바로 잡으며 걷습니다.
　　　　　　　　　　　　— 〈아버지〉 전문

　아버지는 바위 같은 의지로 가족을 이끌어가는 고독한 존재이다. 아울러 그의 체취는 항상 가족을 위해 모든 헌신의 덕목을 갖추었고, 누구도 그 자리를 범접하지 못하는 외로운 카리스마의 공간을 점하고 있지만, 이 에너지는 헌신과 사랑이라는 틀 속에서 등대가 된다. 이를 알아차린 시인은 아버지의 모습에서 삶의 모든 가능을 배운 감동을 잊지 않는다. 이는 '식솔(食率)이 너무 많아'의 무거운 짐을 숙명으로 여기면서 내일에로 걸음을 옮기는 존재―하느님과 부처님의 역할과 비교하는 시인의 마음에는 깊이와 높이로 자리잡은 대상이다. 이는 '개미처럼 벌처럼 부지런하셨고/ 평생 흙과 함께 살았지만'에서 성실이 앞장서고, '이웃의 가난을 그냥 지나치지 않았습니다'의 두 가지가 아버지에 대한 존경의 모두― 이는 삶의 가장 큰 동력(動力)이면서 인간의 가치를 결정지우는 이름일 것이다. 허세를 부리는 것도 아닌—자기 힘으로 농사를 짓고 남을 위해 베풂의 삶을 살았다는 것을 이해한 아들의 모습 또한 닮음 의식을 갖고 있음이다.

머슴을 부렸어도 머슴보다 더 부지런하셨다는 추억 그리고 마석에 누워 계시는 아버지의 체취를 잊지 못하는 시인의 마음은 보통의 삶이 얼마나 지고(至高)한가를 아버지의 회억에서 새삼 목이 메인다. 〈아버지 묘소에서〉, 〈아버지〉, 〈가신 아버님 전상서〉, 〈아버지의 기도〉 등은 아버지의 영향이 얼마나 깊은 교훈을 주었는가를 짐작하는 시들이다. 아버지의 가치를 인식하는 아들은 이 점에서 같은 동류항이면서 그의 궤적(軌跡)을 따르려는 발심(發心)이자 효도의 마음이 표백된 셈이다.

어려서 본 아버지는
흙을 자식처럼 어루만지던 모습입니다
"땀 흘린 만큼 거둔다" 며
땅에서 배운 것을 목숨처럼 지켰습니다
남의 것을 탐내지 않았으며
더러 세상이 속일지라도
먼 산 한 번 쳐다보는 걸로
한숨을 삭였습니다
세상엔 무슨 박사도 많고
넘치는 게 명사들이지만
저에겐 아버지가 바로 본보기입니다
동네 사람들에게 존경 받듯

저도 아버지처럼 살고자 눈물을 삼키며
아들로서 아버지 뜻을 지키며 살아갑니다
— 〈가신 아버님 전상서〉에서

흔히 오디프스 콤플렉스라는 말이 있다. 아들과 아버지의 관계는 항상 일정한 거리를 유지하는 긴장관계가 있다. 이는 아버지는 어렵고 또 어머니와는 다른 위엄을 갖추고 있기 때문이지만 손시인에게는 오히려 어머니보다는 아버지의 이해도가 깊은 느낌이다. 이는 아버지의 삶이 곧 시인에게 거울이었고, 등대 불빛과 같은 이미지를 확인하는 점에서 이 세상 어떤 사람의 행동보다 감동을 주는 이유가 될 것 같다. 땅에 대한 신념이나 고통스런 일을 남에게 전가하는 것보다 하늘을 쳐다봄으로써 마음을 삭히는 모습, 혹은 동네 사람에게 존경을 받는 일들은 시인에게 인생의 본보기로서의 자랑스런 대상이기 때문에 자발적으로 우러나는 효심의 마음이 그리움과 연락되고 있다. 갈수록 아버지의 역할이 작아지는 현대의 모습과는 달리 아버지를 존경하고 그리워하는 손민수의 마음은 그만큼 곱고 따스함을 의미하는 일이다.

2) 가족의 정감

손민수의 시는 주로 가족의 상관에서 출발하여 친구 혹은 자연을 대상화하는 특징이 있다. 이는 섬세한 마음으로 보일 수 있고 또 내면으로 지향하는 정서의 특징으로 보일 수도 있다. 왜냐하면 가정 혹은 가족은 삶의 원천이자 이로부터 외부로 향하는 에너지를 내장하는 공간이기 때문이다. 수구

초심(初丘初心)의 지향점이고 사회생활을 영위하는 바탕을 가정에서 찾는 일은 사회학의 시발이 된다. 그러나 개인 단위에서의 안락은 사회단위의 평화로 직결되고 이런 결과는 사회관계(social relation)의 정상화를 기하는 기초점으로서 중요한 의미를 갖는다. 수신제가치국평천하(修身齊家治國平天下)는 곧 사회발전의 단계를 설명하는 의미이기 때문이다.

비바람 칠 때
집으로 돌아가는 저녁
갈 데가 있다는 게
새삼 뿌듯하다

이 일 저 일로 지치다가도
대문을 열어주고
나를 기다리는 아내가
또한 고맙기만 하다

이 집 안에서
아버지로서 누리고
또 한 남자로서의 행복을
맘껏 소리치기도 했다

하늘이 내려준 나의 집

먼 훗날
우리 부부 나란히 쉴
하늘의 집도 꿈꾼다

— 〈사랑의 집〉 전문

    가정의 안락은 모든 단위의 평화와 연결된다. 때문에 이 최소 단위의 평화는 국가 단위의 행복지수와 연결이 된다. 시인은 가정의 아름다움과 사랑의 진원지를 잘 파악하고 유지하려는 지극한 노력을 안으로 다지는 생각─이로부터 행복과 이에 대한 고마움을 동시에 느끼는 안도감이 있다. 이 같은 가정의 평화를 이룬 데는 조화의 삶이 기틀을 마련할 것이다. 〈어머니의 기도〉, 〈아내의 겨울〉, 〈슬픔〉, 〈병상을 지키며〉, 〈당신이 웃을 수만 있다면〉 그리고 〈아들아!〉 등은 가족에 대한 소회(所懷)가 시인의 평화로운 마음을 나타내는 진원으로 인식된다. 자식을 걱정하는 마음이 이어지는 어머니의 심정은 항상 염려와 안타까움으로 일관될 뿐만 아니라 이런 생각은 '병원으로 가는 길에서도/ 자꾸 뒤돌아 보았다' 처럼 자식들을 염려하시는 어머니의 마음 앞에 아들의 반응이 정 깊다. 또한 시인의 아들에게는 자상한 아버지로서의 부탁이 귀를 열게 한다. '언제 나 병들어 죽게 되면 선산은 어찌할고/ 아들아 나 하직하면 할아버지 묘 밑에 매장하고/ 삼년 있다가 너 건강할 때/ 너 죽기 전에 미리 서둘러 네 손으로/ 조상을 화장하라.' (〈아들아!〉에서). 간곡한 유언처럼 들리는 아들에게 부탁하는 말이다. 그만큼 신뢰의 뜻이 담겨 있는 가족의 모습을 눈여기게 된다. 왜냐하면 부탁하는 것도 믿음이라는 성(城)이 공고할 때, 비로소 달성될 수 있는 힘이 있기 때문이다.

평생 물 같았던 아내
바람 불어 헤살짓지 않으면
언제나 그대로 고요했다
내가 바람이었다
한 번씩 흔들었으나
어느새 착 가라앉은 물결이었다
부부다툼은 칼로 물베기라는데
물에도 상처가 나고
보이지 않는 매듭도 생기나 보다
"나를 용서하소서."
가슴 쥐어뜯으며 흐느끼노니
이것만은 신께 드리기 전에
당신에게 먼저 바치는 기도다

— 〈병상을 지키며〉 전문

    병중에 있는 아내를 염려하고 근심하는 기도가 절실하다. 착한 아내 그리고 인종(忍從)으로 살아온 모습이 선연한 모습이다. '내가 바람' 이었지만 항상 고요를 지키는 아름다움이 보이고 자식들을 튼실하게 키웠고, 충실하게 역할을 다 한 아내의 병상에서 시인은 밀물지는 슬픔의 마음으로 무거워진다. 정작 병이 들면 그때사 지난 일들에 회상과 후회의 깊이를 찾아가지만 시인은 항상 조용한 아내에게 신뢰와 믿음의 깊이가 남다름을 느끼게 한다. 〈아내의 겨울〉이나 〈슬픔〉 혹은 〈당신이 웃을 수만 있다면〉은 절절하게 병중의 아내를 염려하는 지아비의 심정이 누선을 자극한다. '가슴 쥐어뜯으며 흐느끼'는 심사는 남편으로서 아내에 대한 사랑의 아픔이기 때문이다. 그만큼 가족을 사랑하고 아끼는 시인의 마음을 볼 수 있는 정경이다.

3) 삶의 풍경화

누구든 존재하는 곳에는 일정한 연출의 풍경이 있다. 그가 살아온 이력에 따라 어떤 과정의 삶을 연출하는가는 환경적인 혹은 생래적인 여건에 따라 다르다. 성실함으로 기준을 삼는 가정과 명예를 존중하는 가정 혹은 부의 축적을 최종 목적으로 사는 환경에 따라 사람의 의식도 거기에 맞춰진다. 손민수 시인은 아버지로부터 성실과 예의 바른 생활 그리고 남에게 헌신하는 일이 무엇을 주는가를 훈습(薰習)으로 교육 받은 인상을 준다. 이는 바로 삶의 풍경을 이루는 모습으로 시화(詩化)될 뿐만 아니라 그의 시를 이루는 주요 이미지로 작용하기 때문이다.

시의 이미지는 복합적이기 때문에 하나만의 요소가 아니라 다양한 이미지들로 결합하여 미적 감수성을 잉태하게 된다. 성실함을 물려받은 아버지의 교육이나 그런 환경에서 남에 대한 배려 등은 곧바로 시인의 삶에 요소를 이루면서 시의 특징과 손잡게 된다. 주로 서민적인 삶에서 시의 진로가 잡힌다는 뜻이다.

  가끔씩 모란시장에 들러
  좌판에 소복히 쌓인
  온갖 야채와 과일, 먹거리를 본다

동네에 슈퍼나 마트, 백화점에서는
비닐포장에 싸여 반짝거리지만
흙냄새와는 거리가 멀다
서둘러 밭에서 바로 오느라
단장도 못하고 올라온 것들이지만
크기도 들쭉날쭉하고 얼굴도 가지각색
울퉁불퉁 제 성미를 보이며 다가온다
포장된 일상의 거리를 오가다 보면
때로는 이렇게 흙냄새도 맡고 싶다
노을은 서서히 모란시장에 스미는데
술 한 잔을 걸치고
조금씩 펼쳐놓은 그들 보따리에게
고향소식을 물어 본다
고요한 들판의 햇빛 한 줌과
앞도랑에서 가재 잡던 친구 안부를

― 〈모란시장에서〉 전문

　시인은 그가 살아왔던 농촌 풍경의 소박한 인심―잠실―이미 지난날들의 흔적은 간 곳이 없지만 마음 속 추억의 정경은 살아있다. 백화점이나 마트에서의 화려한 상품이 아니라 제멋대로의 상품이지만 모란시장에서는 사람 내음의 들어있기에 정감을 주는 대상으로 잊지 못한다. 이는 곧 소박한 심성의 시심이면서 그가 살아온 삶의 이력이 들어있는 발성이다. '흙냄새'

에 대한 추억과 순수한 사람들에 소박한 모습의 모란시장은, 서민들의 애환이 묻어 있는 물건에서 생의 약동과 순수를 그리워하는 것은 편리보다는 오히려 인간의 체취를 더욱 아쉽게 생각하는 마음의 고향으로 다가온다. '햇빛 한 줌'의 다사함과 가재 잡던 다정한 '친구들'을 잊을 수 없어 하는 마음에는 이미 따스함이 깃든 정감이 반짝이기 때문이다. 이런 마음을 가졌기에 그의 시는 소박과 순수를 꾸밈없이 보여줌으로써 시로써 그 자신의 자화상을 그리는 점이다. 〈이 세상에 와서〉, 〈간이역〉, 〈순리〉나 〈포장마차〉 등은 애환과 순리로 생을 인지(認知)하는 마음에는 질박(質朴)한 정서를 대변하고 있다.

봄에는 꽃을
여름에는 바다를
가을에는 단풍을
겨울에는 눈을 실어 나른다.

우리의 인생도 열차를 타고
역마다 마을마다
훈훈한 정(情)들 만나
역사에서 역사를 이룬다.

만남과 헤어짐
무수히 얽혀 있는 사연들

당기고 밀치며
역에서 역사를 이룬다.

— 〈간이역〉 전문

　중의법으로 '역에서 역사를 이룬다'의 반복은 '훈훈한 정'의 교류가 이루어지고, 이로부터 인간의 공간은 팽창할 것이며, 삶의 모습 또한 다양한 정경을 연출하게 된다면 간이역은 단순히 멈추는 것이 아니고 생의 모습이 바뀌어지면서 변화하는 의미를 갖는다. 이는 소통이면서 헤어짐과 만남의 교차 혹은 그런 과정에서 세월의 변화를 이루는 인간사의 페이지를 다양하게 정리하는 의미를 갖기 때문이다. 이런 생각을 시로 옮기는 인상은 곧 그의 사상을 이루는 요소들이기에 소중한 정신의 소산으로 작용하는 시가 된다. 〈모란시장에서〉는 시인의 소탈함을, 〈포장마차〉에서는 정감의 친근함을, 〈간이역〉에서는 생의 교류가 주는 변화성을, 그리고 〈행복〉에서는 낮은 자세에서 인간의 가치를 제고하는 시들이 인상 깊다.

　4) 이별의식
　시는 사물의 존재 이유를 말하지 않고, 다만 상징과 비유로 대신한다. 때문에 해석의 자의(恣意)성이 있을 수 있고 여기서 신선미를 유발하는 정감을 만나게 된다.
　모든 사물에는 이중의 의미가 내재한다는 것은 새삼스러운 일이 아니다. 겉으로는 행복한 모습일지라도 내면에 슬픔의 강물이 흐를 수 있다는 것을 굳이 설명으로 말하지 않는다. 시의 효용성은 이런 점에서 때로 편리하다.

손시인의 시에 이별의식이 많은 것은 그의 내면에 소재한 어떤 원인이 들어 있음을 암시한다. 〈그대를 보내며〉, 〈진눈깨비〉, 〈떠난 여인〉, 〈가을강〉, 〈고독〉, 〈당신의 얼굴〉, 〈사랑의 꿈〉, 〈눈감은 사람〉 등에는 다소 차이는 있지만 이별이 전제된 이미지가 들어있다. 그 구체적인 설명을 발견하기 어렵지만 대신 유추로 추정하는 일은 가능하다.

    그대를 보내고 알았습니다
    있을 때 몰랐던
    빈 자리가 이렇게 큰 줄을

    이럴 줄 알았더라면
    오는 걸 미리 막았을 걸
    그런 생각도 했습니다

    오가는 게 세상 이치고
    만남과 이별이 사람의 일이라고
    스스로를 달래기도 합니다

    그대가 곁에 있어서
    또 그대가 멀리 떠나서
    웃음과 눈물 그 깊은 맛을 알았습니다

                      — 〈그대를 보내며〉 전문

부재(不在)의 공간은 실재보다 클 것이다. 왜냐하면 상상이 부풀어 오름은 실재를 능가하는 크기의 연상을 유발하기 때문이다. 다시 말해서 대상이 부재(不在)할 때 다가오는 절절함은 더욱 애절함으로 포장하게 된다. 이런 심사는 없음에서 오는 두려움과 안타까움이 복합적으로 작용하는 이유로 그리움을 낳고 또 이별에 대한 곡진(曲盡)한 마음이 커지게 된다. '그대가 멀리 떠나서'로 인한 시인의 애소가 많은 이유는 다음의 시로 점검된다.

아침이 오고 밤이 오고
언제까지나 되풀이 됩니다.
쓸쓸한 방 안에 희미한 촛불이 흐느적거립니다.
싸늘한 방 안엔 빈 술병과 빈 잔이 쓰러져 있고
밖에는 부슬부슬 비가 내립니다.
추위에 떨며 슬픈 가슴 감싸 안은 채
하루하루 보내네
그러나 그대는 다시 올 줄 모릅니다.
그러나 미련 때문에 올 것을 기다립니다.

— 〈고독〉 전문

이유는 원인을 내장하지만 시는 이럴 때 낯선 기법을 사용한다. 이런 비유는 신선함과 시가 갖는 특성을 내장하려는 발상이다. 다시 말해서 시는 상식을 넘는 표현에서 비로소 상상의 빛나는 표정을 감지할 수 있기 때문이다. 손민수는 고독의 진원을 설명하지 않으면서 일면 표현 의도를 내보이는 기교로써 독자의 상상을 자극한다. 즉, 문을 닫는 어둠이 아니라, 미묘한 파스텔 톤으로 처리함으로써 은근함을 고취한다는 뜻이다. 차가운 방에 '빈 술병과 빈 잔이 쓰러진' 풍경으로 슬픔의 깊이를 말한다. 더구나 비가 내리는 외부풍경의 개입은 슬픔을 부추기는 원인으로 파악되면서 '추위와 슬픔'을 감내하는 모습에서 처연(凄然)한 정서로 심금을 젖게 한다는 뜻이다. '한 송이 백합같이 해맑던 너/ 온 종일 보아도 보고 싶은 사람/ 이제는 빛바랜 흑백사진처럼/ 어둠 속으로 잠기고/ 소리쳐 부르고 잡고 싶은 마음도/ 바람에 가만히 실려 보낸다'(〈떠난 여인〉에서)로 볼 때 '어둠에 잠겨'엔 검은 이별이 암시된다. 때문에 '소리쳐 불러보고 싶은' 시인의 소망은 슬픈 이별의 가락이 되어 먼 기억을 두드리는 것으로 막이 내리는 슬픈 인상이다.

5) 자연정서의 시화(詩化)

자연은 인간이 사는 모든 공간을 뜻한다. 아울러 시는 이 같은 공간을 대상으로 포착하기 때문에 세상사 혹은 우주의 공간까지도 시로 수용된다. 그러나 인간이 호흡하는 자연은 주요한 관심사로 등장한다. 때문에 시는 곧 자연의 모습이라는 말이 성립될 수 있을 것이다. 왜냐하면 인간 자신도 자연의 일부일 뿐만 아니라 자연의 구성원으로 살아가기 때문이다. 자연은 변화한다. 이 변화는 생의 역동성을 가질 수 있고 또 생의 신선함을 유발하는 동력이 된다. 살아있기 때문에 아름다움이 파생하는 것도 그렇다. 시는 결국 아름다움의 추구 곧 자연의 생동성을 찾아가는 몫이 된다는 상징성이다.

손민수의 자연은 봄과 식물정서가 많은 편이다. 이는 시인의 심성이 추구하는 방향이면서 그런 정서가 시로 포착될 때 계절의 특징은 시인의 감수성을 흡수하게 된다.

> 산길 오르다가
> 몸에 척척 감기는 햇발
> 떡갈나무가 살살
> 손으로 거두어 가네
> 오르고 내리고
> 스치는 타인들 사이에서
> 지치지 말라고
> 응원해 주는 그대가
> 오늘 내 친구네
> 아직 남은 길은
> 그대 생각하며 갈 수 있겠다
> 혼자라 생각 않고
> 힘내어 걸을 수 있겠다
>
> ― 〈동행〉 전문

짧은 소품의 시이지만 자연과 동행의 육화된 정서를 만난다. 여기엔 티끌이 개입되지 않고 명징(明澄)하고 정갈한 이미지가 세수하고 나온 신선한 느낌이다. 바람과 떡갈나무와 햇살들과 동행하면서 타인과 목례로 스치는 산길은 조화의 공간으로 소박미를 남긴다. 이런 이유는 '혼자라 생각 않고' 더불어 가는 안도감과 따스함이 다가오기 때문이다. '오늘 내 친구네'의 다정한 정감이 교류되면서 삶의 의미는 한층 충만의 길이 만들어진다는 뜻이다.

홍취는 자아의 내부에서부터 만들어진다. 다시 말해서 타인이 주는 홍취가 아니라 자아의 내면에서 우러나오는 기운 때문에 홍미는 더욱 열정성을 나타낸다면 시인은 자연에서 고독을 위무(慰撫)하고 삭이는 과정을 자연으로부터 위안 받고 있음을 의미한다.

우리 그때는
파도치는 숲이었으니
푸르게 서로에게 닿아
끝없이 부풀었네
새들은 둥지 틀어
사방에 노래를 뿌렸네

지금 우리는
서로의 손을 놓고
너무 솟구쳐 올라
터졌던 가슴을 꿰매는
고요한 11월의 숲
새들은 지친 목을 다듬네

― 〈나무들의 몸짓〉 전문

11월이면 독목(禿木)의 계절이지만 굳이 추위의 몸짓은 보이지 않는다. 이는 서로에게 '푸르게 닿아'의 체온을 녹이는 이유로 세상의 추위로부터 보호되는 인상을 상징으로 남긴다. 더구나 '새들의 둥지'가 생명의 호흡으로 작동되고 이를 사랑의 눈으로 바라본 자연은 조화의 아름다움이 충만해지는 풍경화가 된다. 〈파도〉, 〈연꽃 구경〉, 〈선인장〉, 〈자귀나무〉, 〈별〉, 〈미루나무 아래서〉, 〈눈이 내린다〉 등 자연이나 식물의 이미지가 많은 것은 시심에 간직된 부드러움의 또 다른 이름인 것 같다. 이로 보면 손시인은 전원 정서를 주요 재료로 선택한 시의 표정이 부드러운 이유가 여기서 발견된다.

6) 자화상 대면

　나를 찾는 일은 동양 사상의 핵심이다. 동양의 문화는 「우리」의 문화이지만 서양이 개인문화는 「나」로 시작하는 발상에서 서로 다른 문화적인 생산을 낳았다. 이런 사상의 차이는 곧 문화인식의 차이로 남는다. 동양의 개인은 우리 속에서 나를 내포하지만 서양은 내가 곧 모든 가치의 정점이 된다. 그러나 동서를 막론하고 나의 존재는 본질이다. 이 본질을 찾는 일은 철학의 시작이고 마지막이라면 〈내 그림자〉, 〈자화상〉, 〈쓸쓸한 날〉과 정적(靜的)인 시인의 성품을 나타내는 〈눈이 내린다〉 등은 고독 속에 자기를 찾아가는 갈증이 들어 있는 시들이다.

당신을 위하여
존재하는지
날, 위해서

존재하는지

내가 서면
당신은 눕지만
내가 누우면
당신은 사라집니다.

정든 사람
헤어질 때
멀리서 뒤돌아
손 흔들 듯

내가 서 있음으로
당신이 안식이 된다면
기꺼이 서 있겠습니다.

— 〈내 그림자〉 전문

    자기 앞에 겸손하기란 지난(至難)한 일이다. 왜냐하면 자기를 모르고 살아가는 맹목이 대부분이기 때문이다. 물론 내가 나를 만나는 일은 영원한 평행선이다. 이 철학은 자아를 위한 탐구의 궁극점이지만 끝내 대답을 들을 수 없는 것이 인간 존재의 숙명성에 대한 대답이다. 시인은 그림자와의 싸움이 아니라 공존의 모색을 찾고 있는 인상을 준다. 내가 서면 그림자는 눕고, 다시 내가 누우면 사라지는 상반의 길에 어긋난 숙명이지만 이는 인간이 직면한 풀어낼 길 없는 암담한 숙제일 것이다. 하지만 그 숙제 앞에 대충 지나가는 사람 또는 고민하는 사람의 모양은 서로 다른 삶의 양태를 나타낸다. 그러나 손시인은 그림자의 안식을 위해 '기꺼이 서 있겠습니다'의 희생을 선택하는 시인이다.

    많은 연습도 없이
    풍각쟁이로 무대에 오르고
    어설픈 노래로 나를 달랬던가
    혹 누구를 위로했던가

    그냥 열심히 살면 되는 줄 알았다
    부지런히 일해
    처자를 먹여 살리고
    나아가서 이웃과 더불어 사는 일
    그때는 그게 전부인 줄 알았다

    아버지처럼 땀 흘리고
    반듯하게 걸어가고 싶었다
    그렇게 달려온 시간들이었는데
    나는 언제부터인가 노래를 배웠다
    그리고 나는 삶을 노래했다

훌륭한 연주자가 되고 싶었다
길은 갈수록 멀어 보였지만
이제 알 것 같다
진실하게 살아가는 일이
참된 노래로 남는다는 것을

— 〈자화상〉 전문

참된 나를 발견하는 일은 결국 단 한 마디의 결론― '진실하게 살아가는 일'에서 모든 대답은 들어있다. 시 또한 진실을 포장하는 일 곧 사무사(思無邪)의 결론에 이른다. '생각에 거짓이 없다'는 순수함을 지닐 때, 시는 상상의 숲에서 나온 순진하고 아름다운 표정이기 때문이다. 손민수의 정서는 따스한 인간의 아름다움을 꾸민 것이 아닌 자연 그대로의 모습에서 나오는 소리―이런 시를 쓰는 것 같고, 그의 인성(人性)은 여기서 시의 표정과 기꺼이 결합하는 길을 선택하는 사람―마음 고운 시인이다.

3. 나가면서

시인은 언어를 운용하되 언어를 감추는 작업을 하는 사람이다. 온갖 사물의 정서를 단 한 줄의 언어로 압축하는 길은 시가 갖는 넓이이면서 시인 자신을 나타내는 상징일 것이다. 손민수 시인은 아버지의 길을 존경하면서 시의 숲을 만들고 노래한다. 이 노래는 진실에서 만나는 순수성에서 감동의 깊이를 저장하는 것 같다.

아울러 가족의 소중한 의미를 사랑으로 바라보는 넉넉한 심성이 부드럽다. 물론 병에 신음하는 아내를 향하는 애달픔― 가슴 졸이는 이미지는 따스한 마음이 포장되었다.

자연을 바라보는 눈은 조화의 미학을 구현하려는 발상으로 접근하고 분리하는 대결이 아니라 하나로 통합하는 태도에서 여유가 남는다.

손민수는 아버지의 정신을 등대로 삼고 먼 항해의 시업(詩業)을 이루기 위해 순리로 운명을 바라보는 자세에서 마음의 눈이 밝아오는 정감의 시인이다.

손민수 시집

아버지의 땅

•

지은이 / 손민수
발행인 / 김재엽
발행처 / **한누리미디어**
디자인 / 지선숙

•

121-840, 서울시 마포구 서교동 395-13 서원빌딩 2층
전화 / (02)379-4514, 379-4519
Fax / (02)379-4516
E-mail/hannury2003@hanmail.net

•

신고번호 / 제300-2006-61호
등록일 / 1993. 11. 4

•

초판발행일 / 2009년 7월 10일

ⓒ 2009 손민수 Printed in KOREA

•

값 12,000원

•

※잘못된 책은 바꿔드립니다.
※저자와의 협약으로 인지는 생략합니다.

•

ISBN 978-89-7969-346-1 03810